unidad en diversidad

VIRTUDES DE MI CORAZÓN

Escrito e ilustrado por Melissa López Charepoo

Primera edición publicada en 2021. Reimpresión 2026.

ISBN 978-1-971750-26-2 (tapa blanda)

A todos los que hacen del mundo un lugar mejor luchando por la unidad en diversidad.

¿Te has preguntado alguna vez qué significa la **unidad en diversidad**?

Unidad en diversidad significa que somos parte de una sola familia humana, aunque todos somos individuos únicos y diferentes. No tenemos miedo de nuestras diferencias; en cambio, las vemos como una fortaleza. La unidad es una buena cualidad o virtud de nuestro corazón. Practicar la unidad también nos ayuda a desarrollar otras virtudes. A medida que liberamos nuestro corazón de cualquier tipo de prejuicio o idea que no se basa en la razón, podemos honrar, respetar y amar a cada ser humano.

¡Podemos esforzarnos por estar unidos con todas las personas que se crucen en nuestro camino!

Soy parte de una familia diversa. Todos tenemos diferentes opiniones, ideas y gustos. Para luchar por la unidad, libero mi corazón del prejuicio de que solo mi opinión es importante. Cuando hablo, siempre tengo presente los sentimientos de los demás y comparto mis pensamientos con **tacto**.

¿Cómo te esfuerzas por lograr la unidad compartiendo tus ideas y opiniones con **tacto**?

Pertenezco a una familia extendida muy diversa. Mi familia está formada por personas de diferentes razas, grupos étnicos y culturas. Para luchar por la unidad, libero mi corazón del sentimiento de que mi color de piel, raza o grupo étnico es superior a los demás. En cambio, disfrutamos aprendiendo y celebrando todas las razas y culturas que forman parte de nuestra familia. **Honro** la **belleza** que crea nuestra familia diversa, ya que creo que realmente solo hay una raza: la humanidad.

¿Cómo luchas por la unidad **honrando** la **belleza** en la diversidad de la humanidad?

Vivimos en un edificio diverso. En mi edificio hay personas con capacidades físicas y mentales diversas. Para luchar por la unidad, libero mi corazón del sentimiento que solo las personas que tienen las mismas habilidades físicas y mentales que yo pueden tener una vida normal. En cambio, demuestro **compasión** y **cuidado** mientras nos esforzamos por crear un lugar que sea cómodo y seguro para todos.

¿Cómo te esfuerzas para lograr la unidad **cuidando** y mostrando **compasión** por las personas con diferentes capacidades físicas y mentales?

Asisto a una escuela diversa. En mi escuela tengo compañeros de diferentes edades, géneros y orientaciones. Para luchar por la unidad, libero mi corazón de cualquier sentimiento de prejuicio de que solo los chicos como yo pueden sacar buenas notas o hacer mejor los deportes. Tengo la certeza que todos han sido creados iguales, y por eso trato a mis compañeros con **equidad** y **amabilidad**.

¿Cómo luchas por la unidad tratando a los demás con **equidad** y **amabilidad**?

Tengo un grupo diverso de amigos. Cada uno de nosotros tiene diferentes talentos. Los talentos son dones especiales y únicos que cada uno de nosotros tenemos. Para luchar por la unidad, libero mi corazón del sentimiento que mis talentos son más importantes y valiosos que los demás. En cambio, apoyo a mis amigos en las cosas que les gusta hacer. Esperamos algún día usar nuestros talentos para el **servicio** a la humanidad.

¿Cómo te esfuerza por lograr la unidad desarrollando tus talentos y ayudando a otros a hacer lo mismo para **servir** a la humanidad?

Vivo en una comunidad diversa. Aquí viven personas que tienen diferentes sistemas de creencias. Para luchar por la unidad, libero mi corazón del prejuicio de que solo a través de mi religión una persona puede llevar una vida productiva. En cambio, **respeto** todas las creencias y abrazo a todas las religiones como una sola, procedentes de un solo Creador.

¿Cómo luchas por la unidad **respetando** todas las creencias?

Vivo en un país diverso. Aquí viven personas con diferentes niveles sociales y económicos. Algunas personas tienen más dinero que otras y pueden permitirse más cosas materiales. Libero mi corazón del prejuicio de que las personas solo importan según las cosas materiales que tienen. En cambio, trato a todos con **dignidad**. Reconozco la nobleza en cada persona.

¿Cómo luchas por la unidad tratando a todos con **dignidad**?

Vivimos en un mundo diverso. En todos los países del mundo encontrarás personas de diferentes razas, culturas, géneros, orientaciones, niveles sociales y económicos, y con diferentes creencias, opiniones, gustos, ideas y talentos. Más allá de liberar mi corazón de cualquier prejuicio que pueda tener; También lucho por una sociedad justa en la que todos tengan los mismos derechos y oportunidades. Por lo tanto, defiendo la **justicia**. Después de todo, sin una sociedad justa y equitativa no podemos lograr la unidad en el mundo.

¿Cómo luchas por la unidad defendiendo la **justicia**?

Como puedes ver, tenemos diversidad en todos los aspectos de nuestras vidas, pero podemos luchar por la unidad con todos los que se cruzan en nuestro camino. Al luchar por la **unidad en diversidad**, nuestro corazón desarrolla muchas virtudes, como tacto, honor, belleza, cariño, compasión, equidad, amabilidad, servicio, respeto, dignidad y justicia.

¡Nuestros corazones siempre están alegres cuando luchamos por la **unidad en diversidad**!

Glosario

Belleza- un sentido de reverencia y asombro por una combinación de cualidades como el color, la forma y la forma.

Cuidado - mostrar bondad y preocupación por los demás

Compasión - cuidar a los demás

Dignidad - ser digno de honor y respeto

Equidad - trato justo a los demás sin discriminación

Amabilidad - tener un vínculo de afecto mutuo con alguien

Honor - considerar con gran respeto y estima

Justicia - ser justos en todo lo que hacemos

Amabilidad - la cualidad de ser amable, generoso y considerado

Prejuicio - una opinión de un individuo, grupo o raza que no se basa en la verdad

Respeto - una profunda admiración por alguien o algo

Servicio - el acto de ayudar a los demás sin esperar nada a cambio

Tacto - ser sensible a los sentimientos de los demás

Unidad - ser parte de un todo; unión

Virtud - comportamiento que muestra altos estándares morales; buenas cualidades de nuestros corazones

Referencias:

The Virtues Project Cards

Oxford English Dictionary

Agradecimientos:

Mi amado esposo Darioush Charepoo por todo su apoyo.

Nuestros queridos muchachos por ser la inspiración.

Leanna Guillén Mora por ayudar con la corrección y edición del libro.